战国七雄的纷争

◎ 主编 金开诚

◎ 编著 张利

吉林文史出版社

吉林出版集团有限责任公司

图书在版编目（CIP）数据

战国七雄的纷争/张利编著.—长春：吉林出版
集团有限责任公司：吉林文史出版社，2010.11（2022.1重印）
ISBN 978-7-5463-3982-5

Ⅰ.①战… Ⅱ.①张… Ⅲ.①中国－古代史－战国时
代－通俗读物 Ⅳ.① K231.09

中国版本图书馆 CIP 数据核字（2010）第 205567 号

战国七雄的纷争

ZHANGUO QIXIONG DE FENZHENG

主编/ 金开诚 编著/张 利

项目负责/崔博华 责任编辑/崔博华 钟 杉

责任校对/钟 杉 装帧设计/李岩冰 刘大昕

出版发行/吉林文史出版社 吉林出版集团有限责任公司

地址/长春市人民大街4646号 邮编/130021

电话/0431-86037503 传真/0431-86037589

印刷/三河市金兆印刷装订有限公司

版次/2010 年 11 月第 1 版 2022 年 1 月第 5 次印刷

开本/650mm×960mm 1/16

印张/9 字数/30千

书号/ISBN 978-7-5463-3982-5

定价/34.80元

前　言

　　文化是一种社会现象，是人类物质文明和精神文明有机融合的产物；同时又是一种历史现象，是社会的历史沉积。当今世界，随着经济全球化进程的加快，人们也越来越重视本民族的文化。我们只有加强对本民族文化的继承和创新，才能更好地弘扬民族精神，增强民族凝聚力。历史经验告诉我们，任何一个民族要想屹立于世界民族之林，必须具有自尊、自信、自强的民族意识。文化是维系一个民族生存和发展的强大动力。一个民族的存在依赖文化，文化的解体就是一个民族的消亡。

　　随着我国综合国力的日益强大，广大民众对重塑民族自尊心和自豪感的愿望日益迫切。作为民族大家庭中的一员，将源远流长、博大精深的中国文化继承并传播给广大群众，特别是青年一代，是我们出版人义不容辞的责任。

　　本套丛书是由吉林文史出版社和吉林出版集团有限责任公司组织国内知名专家学者编写的一套旨在传播中华五千年优秀传统文化，提高全民文化修养的大型知识读本。该书在深入挖掘和整理中华优秀传统文化成果的同时，结合社会发展，注入了时代精神。书中优美生动的文字、简明通俗的语言、图文并茂的形式，把中国文化中的物态文化、制度文化、行为文化、精神文化等知识要点全面展示给读者。点点滴滴的文化知识仿佛颗颗繁星，组成了灿烂辉煌的中国文化的天穹。

　　希望本书能为弘扬中华五千年优秀传统文化、增强各民族团结、构建社会主义和谐社会尽一份绵薄之力，也坚信我们的中华民族一定能够早日实现伟大复兴！

目录

一、战国七雄形成的背景

公元前475年到公元前221年，历史上称为战国时期。经过春秋时期剧烈的兼并战争，到战国时形成了齐、楚、燕、韩、赵、魏、秦七国，史称"战国七雄"。

战国初年，各国将精力都放在社会变革上，如李悝变革、吴起改革、商鞅变法等等。经过变革后的各国，实力都有极大的改变，为战国七雄的纷争奠定了经济基础。随后，魏国称霸中原，先后与齐国

等进行了桂陵之战、马陵之战，使得齐国一战称霸。齐国与秦国又进行了多年的战争，以秦国的胜利告终，齐国最终被燕国所灭。秦国又与赵国进行了多场战争，双方互有胜负。长平之战后，赵国势力削弱。秦国趁势一举歼灭六国，统一了全国。

（一）周王权的衰落

从周平王元年（公元前770年）周室东迁洛邑到周敬王四十四年（公元前476年），历史上称为春秋时期，因与孔子修订《春秋》时间大体相当而得名。

周幽王死后，太子姬宜臼即位，是为周平王。考虑到镐京的残破以及地理位置较偏远等因素，周平王决定迁都。公元前770年，周平王在郑武公、秦襄公、晋文侯等诸侯的护卫下，迁都洛邑，史称东周。迁都后，开始对有功诸侯论功行赏。洛邑周围有近六百里土地，但分封之后，所剩下的土地寥寥无几，仅剩下今河南西部一隅的地盘。如此一来，天子直接控制和支配的土地就非常少，军事力量严重削弱。但周天子仍然可以以"共主"的名义号令天下。

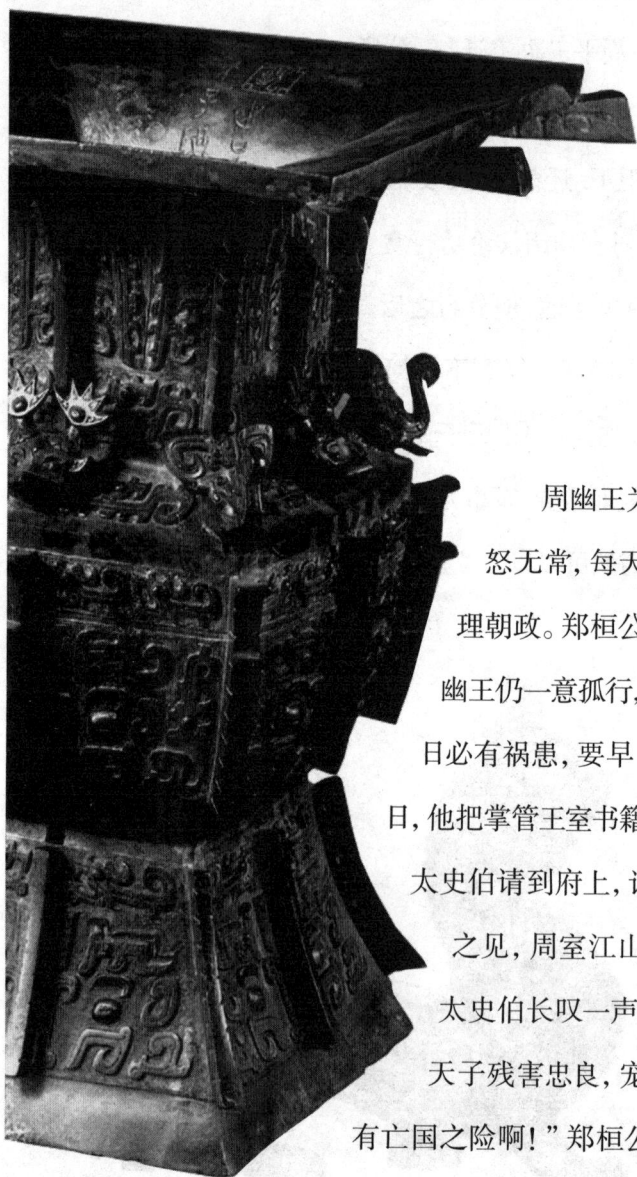

周幽王为人粗暴残酷，喜怒无常，每天沉溺于酒色，不理朝政。郑桓公见多次劝谏后周幽王仍一意孤行，因此料定国家他日必有祸患，要早日为自己打算。一日，他把掌管王室书籍并且见多识广的太史伯请到府上，讨教说："依先生之见，周室江山还能长远吗？"

太史伯长叹一声，回答说："当今天子残害忠良，宠信小人，周室恐有亡国之险啊！"郑桓公点点头，又问：

"那依先生之见，我要如何才能避开这场祸患呢？"太史伯沉吟片刻，说："如今你不如早日离开这是非之地，洛阳东面、黄河和济河的南面可以居住。这个地方临近虢国（今河南荥阳东北）和郐国（今河南郑州南），由于这两国国君都是贪财好利之辈，百姓们不归附他们，而你身为朝廷司徒，朝廷上下都很拥护您，日子一长，虢郐两国的百姓都会成为您的子民啊！"郑桓公觉得先生的分析有道理，于是就暗地开始筹划东迁事宜，并把自己的货物、财富和奴隶事先运往虢郐两国，准备一旦时机成熟就取而代之。后来桓公死于幽王之难，他的儿子武公即位，灭掉了虢郐两国，建都于新郑（今河南新郑）。武公的儿子庄公，继任周室的卿士，在周王室无力继续维持统治秩序的时候，庄公以"以王命讨不庭"为旗帜，联合齐、鲁攻打宋、卫，制伏

了陈、蔡，并且打败了北戎，稳定了东周的政局。但郑却乘机独霸王权，这样与周天子的矛盾就越来越尖锐。平王姬宜臼对郑庄公怀有戒心，不愿朝政为郑庄公所操纵，又乘郑国多事，郑庄公没有来上任的机会，想撤掉他卿士的职务。郑庄公闻知，马上赶到洛阳，对姬宜臼施加压力。姬宜臼再三赔礼，郑庄公不依。平王只好提出让太子姬狐去郑国作人质。不过因为这太有损天子的体面，群臣又提出了相互交换人质的办法，让郑庄公的儿子忽也来洛邑作人质，而周太子去郑国则用学习的名义，史称"周郑交质"。随后，周桓王上台，桓王启用虢公，剥夺了郑伯的权力，使得郑伯心存不满，双方尖锐的矛盾使得一场大战不可避免。公元前711年，周桓王亲自率领陈、蔡、卫等诸侯国的军队讨伐郑国。周军大败，损失惨重，桓王也被射伤肩膀，险些被俘。伐郑的失败，使得周天子的威信一落千丈，

而郑国却因此声势显赫,俨然成了取代周天子的春秋霸主,各大诸侯国之间争霸的序幕已经拉开。春秋初期,诸侯列国有一百四十多个,经过连年兼并,到后来只剩下较大的几个,这些大国之间还互相攻伐,争夺霸权,历史上把先后称霸的这五个诸侯叫做"春秋五霸",即齐桓公、宋襄公、晋文公、秦穆公和楚庄王。另一种说法是齐桓公、晋文公、楚庄王、吴王阖闾、越王勾践。到春秋时期,周王室的地位下降,"礼乐征伐由天子出"转为"礼乐征伐由诸侯出",诸侯的势力越来越强大,周天

子越来越依附于这些强大的诸侯,于是强大的诸侯为了迫使其他各国承认其霸主的地位,开始了漫长的征伐之路。

(二)五霸形成

1.齐桓公称霸

齐国在今山东省的北部,是一个东方大国。齐襄公死后,公子小白即位,是为齐桓公。齐桓公励精图治,锐意进取,任用管仲,进行全方位的改革。管仲出于"富国强兵"的目的,整顿旧制,对各项制度积极进行改革和创新。在政治方面

维持"国""野"分治的制度，国都为国，其他地方为野。全国中设立二十一乡，工乡三，商乡三，士乡十五。在"野"设置五属。各级官吏治理都要严格按照士、农、工、商分区定居制，不得迁徙、杂处。每五家为一轨，轨设轨长。每十轨为一里，里设里司。每四里为一连，连设连长。每十连为一乡，乡设良人。再为臣设三卿，工设三族，商设三乡，泽设三虞，山设三衡，加强管理。对于野，以三十家为一邑，邑设邑司。十邑为一卒，卒设卒帅。十卒为一乡，乡设乡帅。三乡为一县，县设县帅。十县为一属，属设大夫。全国共有五属，设五属大夫分别治理。并划分各级官员的职权范围，属大夫管形狱，县帅管划分田界，乡帅管一般政事，要求他们兢兢业业，不许荒废政事，否则就将被处以刑罚。每年正月，五属大夫要向桓公汇报述职，桓公根据政绩来进行奖惩。

在军事方面实行军政合一、兵民合

一的制度。规定士乡的居民必须服兵役。每家出一人为士卒，每轨为一伍，伍由轨长率领。每里五十人为一小戎，小戎由里司率领。每连两百人为卒，卒由连长率领。每乡两千人为一旅，旅由良人率领。五乡一万人为一军，十五乡共三军，桓公、国子、高子各率一军。农闲时训练，有战事时出征，这样既提高了士兵战斗力，也不必支付养兵的费用。另外，为解决武器不足的问题，规定犯罪可以用兵器赎罪。犯重罪可以用甲和戟赎罪；犯轻罪的可

以用盾和戟赎罪；犯小罪可以用金属赎罪；铜用来铸兵器，铁用来铸农具；诉讼成功则要交一束箭。从此，齐国的兵器也渐渐充足起来。

在经济方面，除了继续推行奴隶制的生产方式以外，对于"鄙野"出现的大量私田采取了"相地而衰征"的税收方式，即按照土地的贫瘠程度征税。另外，山林河泽也由政府统一管理，鼓励贸易以促进生产。提高人口的生育水平，从而增加齐国的总体人口数量。对商业，特别是盐商加以重税，以补足税收的差异。实行粮食"准平"政策，避免富人抢夺穷人的粮食，进一步控制贫富的差距。

管仲的改革很快取得了成效，收到了富国强兵的效果，齐国国力日盛。恰逢北方山戎和狄族势力南侵，齐桓公伺机提出了"尊王攘夷"的口号。"尊王攘夷"，就是尊重周朝王室，承认周天子的共同领袖的地位，联合各诸侯国，共同抵御戎、狄等部族对中原的侵扰。"尊王"在当时是一面"正义"旗帜，在此旗号下，

齐国打败山戎，保护燕国；击退楚国，保护中原，在诸侯国中威望大增。齐国借"尊王"之名，行争霸之实。

齐桓公能够率先称霸的原因在于齐国负山面海，是东方的一个大国，有丰富的鱼、盐和矿藏，为其争霸提供了有利的自然条件和经济条件。其次，齐国任用管仲为相，改革内政，提倡节俭，发展生产，改革军制，这是齐桓公称霸成功的根本原因。第三，齐国采取灵活务实的外交政策，积极开展对外活动。公元前651年，齐桓公在葵丘（今河南兰考）召集诸侯会盟，周天子也派了代表参加，表示认可，齐桓公正式确立了自己的霸主地位。

2.晋楚争霸

正当齐国忙着攻打山戎之时，南方的楚国强大起来，接连对外用兵。但后来，在与齐国的交手中败下阵来，承认齐国的霸主地位。楚国在与齐国交手落败之后，将注意力转移到东方，先后灭掉弦（河南光山西北）、黄（河南潢川西）和徐国（安徽泗县北），势力扩展到今豫南、皖北地区。在葵丘之会不久，齐桓公去世，齐国内部争权夺势，霸业衰落。楚国趁此机会，向中原扩张，以前那些依附

于齐国的小国纷纷向楚国归附。

晋国地处山西汾水流域，与戎狄杂处。周襄王十六年（公元前636年），流亡在外十九年的重耳回国即位，是为晋文公。晋文公执掌大权后，重用狐偃、赵衰等人，推行免债轻赋、救贫济弱，积极发展工商业。扩充军事编制，结束了多年以来动荡的晋国格局，为晋国争霸奠定了基础。随着实力的增强，晋国开始全力与楚国争霸。一度依附于楚国的宋国首先摆脱了楚国，转而依附于晋国。这样激起楚

国的不满，为了保持在中原的绝对优势，楚国在陈、蔡等国的支持下出兵伐宋。

公元前633年，楚成王率领楚、郑、陈等国军队围攻宋国都城商丘（今河南商丘县南）。宋国派人到晋国求救，晋文公采纳了部下的正确意见，争取了齐国和秦国参战，壮大了自己的力量。而后，又改善了同曹、卫的关系，孤立了楚国。这时，楚国令尹（官名）子玉大怒，发兵进攻晋军。

晋文公为了避开楚军的锋芒，以便选择战机，命令部队向后撤退九十里。古代军队行军三十里叫做一舍，九十里就是三

舍。晋军"退避三舍"，后撤到卫国的城濮（山东省）。城濮离晋国比较近，补给供应很方便，又便于会合齐、秦、宋等盟国军队，集中兵力。公元前632年，晋楚两军开始决战。晋军诱敌深入，楚军陷入重围，全部被歼。城濮之战创造了在军事上先退让一步，后发制人取胜的先例。城濮之战是关系到中原全局的战争，使中原小国摆脱了楚国的控制，归附了晋国。此后，晋文公请来周襄王，在践土（今河南原阳西南）和诸侯会盟。周襄王册封晋文公为"侯伯"（诸侯之长），并赏赐他黑红

两色弓箭，表示允许他有权自由征伐。晋文公成了中原霸主。

城濮之战后，楚国北上再度受挫，转而向东发展，先后灭掉江（息国西）、六（安徽六安）、蓼（河南固始），攻打群舒（安徽舒城、舒山一带）和巢（安徽巢湖北），占领了淮南等地。楚庄王即位，楚国国内一度发生内乱，楚庄王任用孙叔敖为令尹进行改革。孙叔敖主张"施教于民"，极为重视民生经济，因此制定、实

施有关政策法令也都以便利农、工、贾为主。

当时的楚国通行贝壳形状的铜币，下令将小币铸成大币。老百姓不适应这种变化，商人们也因此蒙受了巨大损失，纷纷放弃商业经营，这使得当时的经济异常萧条。孙叔敖知道后，就去向庄王请求恢复原来的币制，庄王答应。不久以后，市场又恢复了繁荣的局面。

当时，淮水流域常闹水灾，影响了农业的发展。孙叔敖为使百姓富足，国家强盛，亲自去调查，主张兴修水利设施。最著名的就是芍陂。芍陂原来是一片低洼

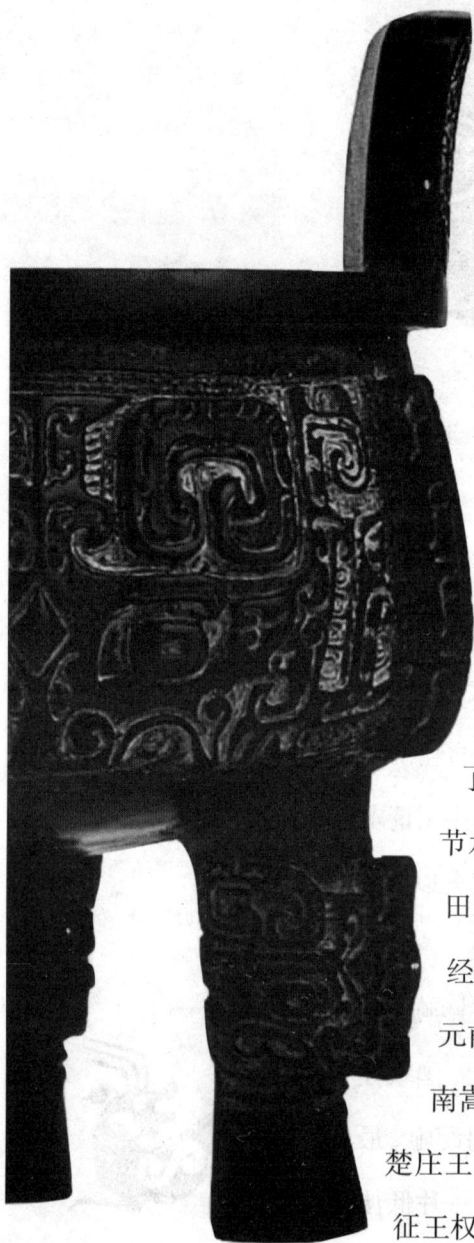

地，孙叔敖发动农民数十万人，修筑堤堰连接东西的山岭，开凿水渠引来河水，造出了一个人工大湖。有水闸可以调节水量，既防水患又可以灌溉浇田，从而振兴了楚国的经济，楚国经济空前强盛。周定王元年（公元前606年），楚庄王伐陆浑（河南嵩县北）之戎，接着率军北上，楚庄王谴使者问九鼎的轻重，鼎是象征王权的，问鼎的大小实际上是显示了楚庄王夺权的野心，大有取周而代之的气势。

楚国一直没有放弃进军中原，周定王十年（公元前597年），楚国围郑，三个月就攻破郑都。晋国遣兵救援，与楚国展开激战，晋国将帅举棋不定、犹豫不决，大败。楚庄王雄踞北方。时隔两年，楚国围宋，宋艰苦抵抗，但无济于事，最终被迫投降。晋国无力参与竞争，只好对楚国的军事行动置之不理，一些小国纷纷依附于楚国，楚庄王成为中原霸主。

3.秦霸西戎

晋国

称霸

的时候，西部的秦国也强大起来。平王东迁的时候，秦襄公因护卫有功被封为诸侯。到秦穆公时期，秦国实力大增。周襄王二十五年（公元前627年），秦趁晋文公去世的机会，插足中原，派军偷袭郑国，途中遇到郑国商人弦高。为了争取时间给郑国国君报信，弦高以国君的名义用十二头牛犒劳秦军，同时让人回郑国报信。秦军以为郑国已有准备，于是灭掉了晋国的盟国滑（河南偃师西南）。由此，晋国开始对秦的军事行动有所防范，出兵截击

秦军，爆发了崤（河南渑池西）之战，秦军陷入包围圈，全军覆没。随后秦军又接连几次出兵攻晋，但都无功而返。东进受阻后，秦将注意力转向了西方。当时在今陕甘宁一带，生活着许多戎狄的部落和小国，如陇山以西有昆戎、绵诸、翟、泾，渭南有陆浑之戎。他们生产落后，披发衣皮，各有君长，不相统一。他们常常突袭秦的边地，抢掠粮食、牲畜，掳夺子女，给秦国造成很大的困扰。秦穆公向西发展，采取了比较谨慎的策略，先强后弱，顺次征服。当时，西戎诸部落中较强的是

绵诸（在今甘肃天水市东）、义渠（在今甘肃宁县北）和大荔（今陕西大荔东）。其中，绵诸有王，住地在秦的故土附近，与秦疆土相接。绵诸王听说秦穆公贤能，便派由余出使秦国。秦穆公隆重接待由余，向他展示秦国壮丽的宫室和丰裕的物资储备，向他介绍西戎的地形、兵势，并挽留由余在秦国居住。与此同时，秦穆公还遣人给绵诸王送去女乐。动听美妙的秦国音乐舞蹈，使戎王大享眼耳之福，他终日饮酒享乐，不理政事。等到绵诸国内政事岌岌可危时，秦穆公才让由余回国。由余的劝谏，遭到了戎王的拒绝。在秦人的规劝下，由余最终归向秦国。秦穆公以宾客之礼接待由余，和他讨论统一西方戎族的策略。秦穆公三十七年（公元前623年），秦军出征西戎，以迅雷不及掩耳之势，包围了绵诸，在酒樽之下活捉了绵诸王。秦穆公乘胜前进，二十多个戎狄小国先后归服了秦国。秦国辟地千里，国界南至秦岭，西达狄道（今甘肃临洮），北至朐衍戎（今宁夏盐池），东到黄河。秦穆公称霸西戎，就连周襄王也派遣召公带了金鼓送给秦穆公，以表示祝贺，承认了秦穆公的霸主地位。

4.吴越争霸

吴越两国都地处海滨,吴在今江苏南部,越在今浙江北部。两国都拥有肥沃的土地,可以坐收鱼盐之利,经济逐渐繁荣起来。公元前6世纪末,吴王阖闾即位,在楚国亡臣伍子胥的辅佐下,进行了政治、军事等方面的改造。在政治方面,建造城郭;军事方面,举荐深通兵学的孙武为将,选练兵士,整军经武,使吴国成为东南地区的强国。根据吴与周边各国的强弱形势及利害关系,伍子胥与孙武等决定先西破强楚,以解除对吴之最大威胁,继而南服越国以除心腹之患的争霸方略。实力大增的吴国多次派兵侵扰楚国边境。周敬王十四年(公元前506年),吴联合唐、蔡大军攻楚,趁楚军兵疲马乏之际进攻楚军。吴军与楚军相遇在柏举(湖北麻城),楚军大败而逃。吴军乘胜追击,连战连捷,攻下楚国都城郢(湖北江陵纪南城),楚王仓皇出逃。楚国面临严重的危机，楚国人民奋力抵抗。吴国国内贵族争权，越国趁机攻入吴国都城，吴国国力大大削弱。

越国建都会稽（浙江绍兴东南），是越族的一支。公元前6世纪，楚国为了制伏吴国，便帮助越国攻打吴国。周敬王二十四年（公元前496年），吴越战于携李，吴军败，吴王伤指而死。夫差即位，誓言报仇。两年后，吴大举攻越，越王勾践战败，军队所剩无几，只得称臣求和。但越王勾践自此下定了灭吴的决心。勾践任用范蠡、文种等人，在经济、军事外交上进行改革。在经济上，发展畜牧业，垦殖土地；军事上，加强士兵训练，严明军纪；

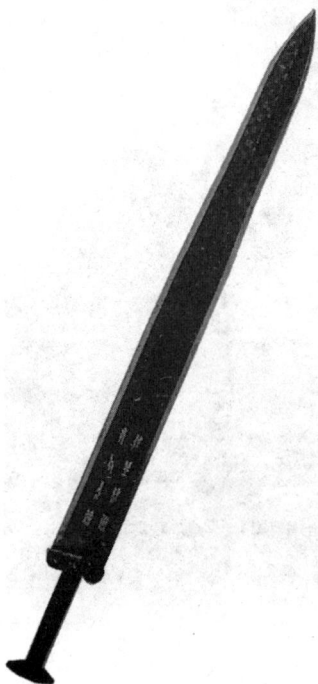

外交上，采取亲楚的策略。勾践的励精图治使得越国由弱变强。公元前482年，吴王北上会盟，国内空虚，勾践利用这个机会，出兵吴国直逼都城，夫差慌忙回军抵抗，但为时已晚，越灭吴，夫差自尽。越王勾践北进，大会诸侯于徐州（山东滕县），号称霸主。

（三）影响

诸侯各国争霸，说明了周朝王权的削弱。自公元前770年平王东迁洛邑（今河南省洛阳市）以后，周朝王室更加衰败。从前是天子统帅诸侯，"礼乐征伐自天子出"，现在这些权力都落到诸侯手里，新兴地主阶级纷纷起来夺权，周朝奴隶制处于"礼坏乐崩"的境地。齐桓公、晋文公提出"尊王攘夷"的口号，具有维护奴隶制统治秩序的意义，但口号背后的真实含义则是要扩张领土，掠夺财富。

各诸侯国的统治者，为了扩大地盘，掠夺人口和财富，相互争战，故有"春秋无义战"之说。争霸战争给广大人民带来了深重的苦难，人民怨恨战争，渴望统一。但争霸战争的客观后果是大国拓展了疆域，实现了区域性的统一，加强了集权的趋势，加快了统一的步伐。同时，又不同程度地削弱了奴隶主集团的势力，便利了新兴地主阶级的发展。战争又在客观上加强了华夏族同其他各族的接触，促进了民族融合。

二、战国七雄变法图强

当秦始皇的先祖正在积极改革，大力发展秦国经济之时，与它相邻的超级大国晋国正在悄悄地分化。到公元前403年，曾经称霸中原数年之久的晋国分裂成了韩、赵、魏三国。史称"三家分晋"。"三家分晋"在历史上具有非同寻常的历史意义，它被看作是由春秋时代进入战国时代的标志性事件。也就是说从公元前403年开始，历史从此进入了战国时代。就在晋国衰落之际，秦国已经慢慢成为一个诸侯大国。

（一）三家分晋

一向被称为中原霸主的晋国，到了春秋末期，国君的权力也衰落了，实权由六家大夫把持。他们各有各的地盘和武装，互相攻打。后来有两家被打散了，还剩下智家、赵家、韩家、魏家。这四家中，又以智家的势力最大。一向把握国政的智伯瑶野心很大，想将其他三家的土地据为己有，于是以使晋国强大为由逼迫各家交出土地归公家管理。三家大夫都清楚智伯瑶的狼子野心，但三家又各有想法。韩、魏因惧怕智家的势力无奈交出了土地，但赵家大夫赵襄子拒不交地。这让智伯瑶大为恼火，马上发兵攻打赵家，并命令韩、魏两家一起出兵伐赵。

公元前455年，智伯瑶率领韩、魏军队直攻赵家。赵襄子自知寡不敌众，采纳了谋臣张孟谈的建议，选择具有良好百姓基础并有所准备的晋阳（山西太原）作为与智伯瑶对峙固守的阵地。赵襄子带着军队退守在晋阳。三个月内，智伯瑶就将晋阳团团围住，赵襄子命令士兵坚守不战，晋阳城头的利箭也使得三家联军动弹不得，双方对峙了两年之久。智伯瑶在久攻不下之际突然想出一条妙计，他看到晋阳城外的晋

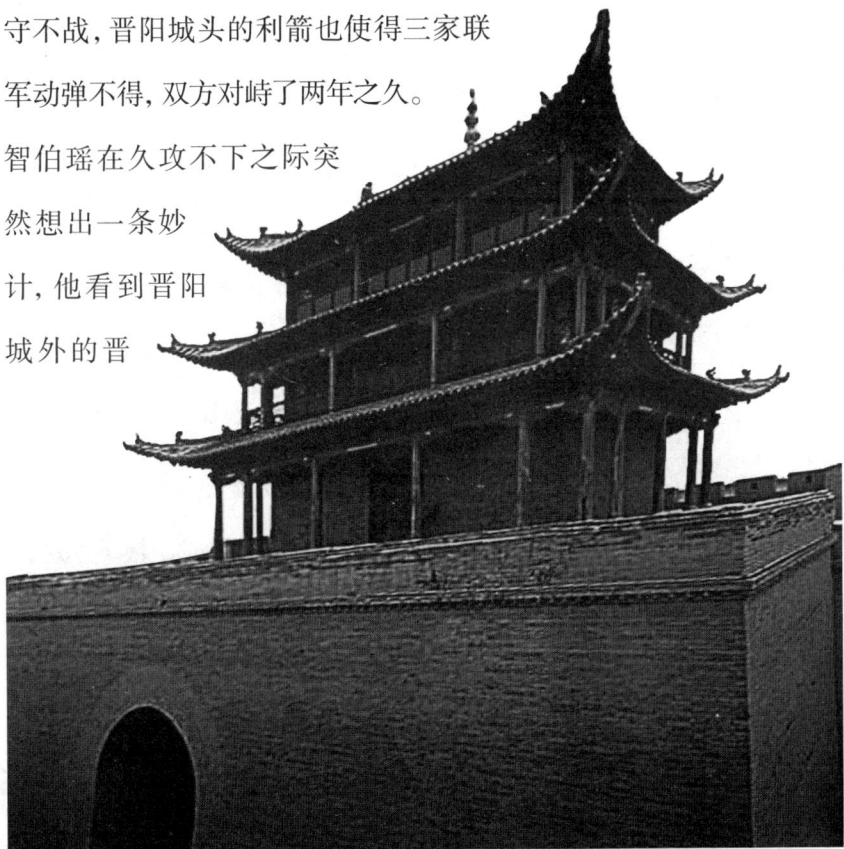

水，想到要是将晋水引入西南直接灌入晋阳城，那么自己就可以不费吹灰之力攻下晋阳。于是智伯瑶命令士兵在晋水旁挖出一道直抵晋阳的河道，在晋水上游筑起堤坝，拦住上游的水。恰逢雨季水势凶猛，智伯瑶凿开水坝引水经所挖河道直灌晋阳城。晋阳城内一片狼藉，房屋被浸，百姓只能在屋顶避难；灶台被淹，只能将锅悬挂起来做饭，但百姓拒不投降智伯瑶。可晋阳城遭到破坏，粮草不足，百姓贫病交加，情况十分危急。赵襄子深受百姓士气鼓舞，却又深知不断蔓延的水势定会使全城失守。无奈之下只能寄希望于劝说韩、魏，借助两家帮助摆脱窘

境。赵襄子派张孟谈偷偷出城，约韩、魏两家大夫一起倒戈围攻智伯瑶。韩、魏大夫犹豫不决，既憎恨智伯瑶的专权跋扈，又担心自己实力不济，倒戈不成反被智伯瑶灭掉。两家大夫联想到此前智伯瑶约他们一起察看水势并得意地炫耀自己以水灭晋阳的举动，不由得担心将来智伯瑶也会用此举攻击自己，因为魏的安邑、韩的平阳两家城外均有河道。张孟谈趁机以唇亡齿寒的道理游说两家大夫，终于成功获得了韩、魏的支持。

赵襄子与韩、魏两家约好里应外合，赵襄子派兵杀掉智伯瑶军队负责守护河堤的士兵，掘开河堤，将晋水引至智氏军

营。此时的智伯瑶正在营内大睡，忽然听见吵闹声，起来一看发现军营之内早浸满了水，智伯瑶以为是所筑堤坝出现裂痕致使水漫军营，马上组织士兵赶往堤坝，可水势越来越大，军队乱成一团。此时赵襄子率领赵军出击智氏，韩、魏两家从两旁夹击，在三家的追击之下，智氏死伤士兵不计其数，智伯瑶也被三家所杀，智氏全军覆灭。

赵、韩、魏三家灭了智氏后，不但把智伯瑶侵占两家的土地收了回来，连智家的土地也被三家平分。以后，他们又把晋国留下的其他土地也瓜分了。公元前403年，韩、赵、魏三家打发使者上洛邑去见周威烈王，要求周天子把他们三家封为诸侯。周威烈王同意了这一要求。至此，韩（都城在今河南禹县，后迁至今河南新郑）、赵（都城在今山西太原东南,后迁至今河北邯郸)、魏(都城在今山西夏县西北,后迁至今河南开封)都成为中原大国,三家分晋标志着中国社会正式进入战国时代。

(二)七国变革

经过了春秋时期激烈的兼并战争,到战国时期形成齐、魏、赵、韩、秦、楚、燕七个大国争雄的局面,被称为"战国七雄"。这七个大国为取得争权斗争的胜利,巩固和扩展地主阶级利益,先后在不同程度上进行了社会改革。

1.魏国

率先变革的是魏国,支持变法的是李悝。战国初年,魏文侯执政时期,任用

李悝为相，主持变法。主要有以下几点内容：

（1）废除奴隶主官爵世袭制。提出根据功劳和能力选拔官吏，使得地主阶级能够牢牢掌握政权。

（2）提出"尽地力"的农业原则。目的在于挖掘土地的潜力，提高农作物的产量，增加田租的收入。规定一亩地的标准产量是一石五斗，要求农民勤于耕作，每亩地要增产三斗；同时杂种其他粮食以防止某种作物突然发生虫害；要勤于劳作不得偷懒，收获之时要加紧强收；充分利用房前屋后的土地进行植树种桑，多种瓜果蔬菜。

（3）实行"平籴法"。封建社会一直有"谷贱伤农，谷贵伤民"的说法。为了防止这种现象的出

现，政府采取了平籴法，即：年成好时，政府平价收购粮食；遇到年成不好的灾年或者荒年，政府再将粮食以平价出售，以此来平衡粮食的价格。这样做的目的是防止小商人垄断市场，操控市场价格，有利于稳定小农经济。

（4）《法经》问世。李悝为确立封建法制，作《法经》六篇。这六篇分别为"盗法""贼法""囚法""捕法""杂法""具法"。

"盗法"顾名思义就是防止盗窃，主要是防范农民对私有财产的侵犯，以保护地主阶级的私有制；"贼法"主要是镇压破坏封建秩序的行为，以维护地主阶级的政权；"囚法"和"捕法"主要的针对盗贼；"杂法"主要是惩办议论国家法令、

赌博、官吏贪污和一些超越等级制度的法律；"具法"是根据特殊状况减轻或加重刑罚的法律。从《法经》具体内容来看，都是以保护封建地主阶级利益为出发点的，为后代法律所效仿。

（5）武卒制。在军事改革方面，任用吴起为统帅，选拔士兵进行严格的训练和考核。凡考核合格者，一律免除一家的徭役，并奖励田宅。如此一来，大大激发了士兵的训练热情。吴起根据士兵的不同特点，将他们分成不同组别，有适合长途奔袭的，有适合爬坡的，有身体强健适合近距离作战的。这样就可以根据战争发生时的地形特点有针对性的派出士兵，使每个人的力量都得到最大限度的发挥。这套军事制度被称为"武卒制"。

李悝变法有效地抨击了旧制度，使魏国经济得以迅速发展，国力日益强大，成为战国初期的一个强盛的国家。变法同时掀起了战国大变法运动的序幕，各国纷纷变法强国，最终汇成了一股时代潮流，这是中国古代规模最大、历时最长、成效最显著的一场变法运动。

2.楚国

楚国是战国初年领土最大的国家，但由于楚国政治腐败、经济落后，使得国力异常衰弱。公元前402年，楚悼王即位。

刚刚即位的楚悼王就受到了来自赵、魏、韩等国的进攻，楚国自然无力抵抗。公元前391年，赵、魏、韩又再度伐楚，大败楚军于大梁，楚国丧失大片土地。万般无奈之下，楚悼王只得重金贿赂秦惠公。最终在秦国的帮助下，与赵、魏、韩讲和。这一事件给了楚悼王很大的打击，他认为面对这样内外交困的状况，必须改革，振兴国家。恰巧这时，吴起因在魏国受到排挤和猜测逃至楚国，吴起的才智得到楚悼王的赏识，于是楚悼王任命吴起为宛（河南南阳）守，把守北部边境，防止赵、

魏、韩的进攻。公元前
382年，吴起被任命为
令尹，主持变法，内容
主要有以下几个方
面：

（1）打击旧贵族。
规定凡是封君传到
第三代就收回其爵
禄，废除公族中疏远者的特殊待遇，把
一些旧贵族迁移至荒凉的地区，这样就
从政治和经济双方面打击了旧贵族的势
力。

（2）精简官职。将现存官职中一些
无关紧要的职位废除，削减过高的官吏
俸禄，省下的钱用于训练士兵，增强国家
军事实力。

（3）整顿吏治。要求官吏一心为地
主阶级效力，别无二心。

吴起的变法，沉重打击了楚国的旧
贵族势力，使得楚国国力大增，也加速了

楚国的封建化进程。

3.秦国

秦国的经济一直发展得比较缓慢，公元前361年，秦孝公即位，决心大力改革，因此十分注重对人才的选拔，求贤若渴。商鞅就是这个时候走进秦国，用"强国之术"说服了秦孝公。秦孝公让商鞅主持变法，商鞅从公元前356年到公元前350年进行了两次大规模的变法，主要有以下内容：

（1）废井田开阡陌。以法令的形式废除了奴隶制的井田制，把原来的小田界统统破除，变为两百四十步一亩，重新设置田界，不准擅自移动。把土地授给农

民，允许其买卖。这就从法律上维护了封建土地私有制。

（2）建立军功爵制。规定了军功爵位的获得以在前线杀敌的多少来计算，杀敌越多奖励越厚，建立了一套军功爵制度，按照爵位的高低给予不同的特权。最重要的一点，是国君的宗族中没有军功的不能列入公族的属籍，不能享受贵族的特权，这对旧贵族来说是个沉重的打击，但对新兴的地主阶级还有下层士兵来说都是一个鼓励。

（3）重农抑商。商鞅认为农业是国

家的根本，是"本业"，而其他的商业和手工业是辅助农业的副业，称为"末业"。为保证国家的财力，商鞅规定：凡努力耕作多缴纳租税者，可免去其徭役；反之，弃农经商或者因不思耕作而无法缴纳租税者一律没入官府为奴。积极招募无地农民来秦国开荒，加重关税迫使商人弃商务农。为增加劳动力积极鼓励生产，规定凡一户有两个儿子的，儿子到成人年龄必须分家，独立谋生，否则要出双倍赋税；女子到一定年纪必须出嫁；禁止父子兄弟（成年者）同室居住，推行小家庭政策。这些政策有利于人口增加、征发徭役和户口税，发展封建经济。

（4）统一度量衡。颁布了标准的度量衡器，一尺约为今0.23米，标准量器为一升，约为今0.2公升。

（5）推行郡县制。将许多乡、邑合并成县，每个县设立令和丞等官职来掌管全县的大小事务，县直属于中央，加强了中央集权。

（6）什伍连坐法。五家为伍，十家为什，有彼此监督互相纠察告发"奸人"的责任。如若发现"奸人"不告发，处以腰斩；如一家藏匿"奸人"，则什伍连坐受刑。

商鞅变法废除了奴隶制度，巩固和发展了封建制度，出现了经济繁荣的美好景象。全国百姓以私下斗殴为耻，以为国家立下战功为荣，国家的军事力量不断增

强，秦国也一跃成为战国时代国富兵强、最有战斗力的国家，为后来统一六国奠定了基础。

4.赵国

赵国在赵烈侯（公元前481—公元前387年）时采纳牛畜的建议，提倡仁义，行使"王道"，所谓"王道"实际上就是在一定的历史时期，处理一切问题都按照当时通行的人

情和社会道德标准，在不违背当时的政治和法律制度的前提下，所采取的某种态度和行动。后赵烈侯又采纳荀欣和徐越的建议，在官吏选拔上选择贤人和能人，按照个人能力安排职位；在财政上主张节财俭用，避免浪费。经过这些有效的改革，赵国的封建政权得到了巩固和发展。

5.韩国

在各国变法都风起云涌之时,韩昭侯也认识本国在国力等方面尚处于落后状态,不变法就有可能亡国。在各国的变法中,魏国的变法影响较为深远,韩昭侯希望效仿魏国的李悝变法。因此,公元前355年,韩昭侯选用了与李悝同为法家代表人物的申不害主持变法。

申不害建立了一套因功行赏的制度,强调"术"的重要性。所谓"术"就是专制君主任免、考核、赏罚各级官吏的方法。申不害主张国

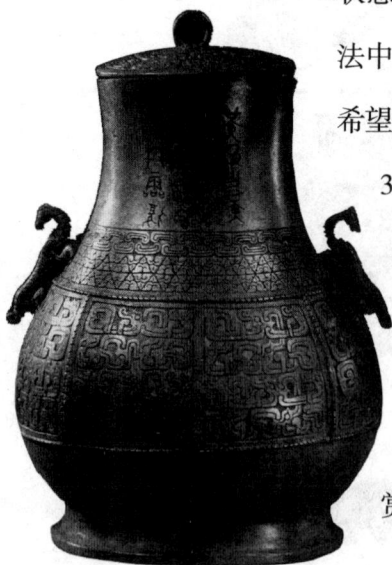

君应该"独断专权"掌控最高统治力，喜怒不形于色；要求官吏都能人尽其责，不越权；经常对官吏进行考核和监督。申不害的变法加强了中央集权。申不害在韩国十五年，诸侯不敢来伐，国家经济得到极大发展。

6.齐国

齐威王即位之初，终日沉迷酒色，不理朝政，齐国内政混乱，直至外敌入侵，齐威王才幡然悔悟，决心努力振兴齐国。齐威王善于纳谏，尤其是不同意见。平民邹忌鼓琴自荐，劝谏齐威王：任用贤臣，

铲除奸佞之臣，体恤民情，休战养民方能成就霸业。齐威王觉得邹忌言之凿凿，认为他是个人才，封其为相国，改革政治，整顿朝政。

即墨大夫为人质朴，勤理政务，人民富裕，但不善于交际，故常遭人诽谤诋毁；与之相反的阿大夫，不思进取，所管辖之处田地荒芜，戒备松懈，但阿大夫用重金贿赂齐威王左右，终日为其美言。齐威王派人调查后，得知事实并非所耳闻

的那样，立刻召回两位大夫。齐威王即位
九年，即墨大夫因在政事方面极有成就，
齐威王赏赐他万户食邑。同时，阿大夫不
思朝政，百姓贫苦，又重金贿赂国君左右
替他美言，被齐威王识破，将阿大夫处以
烹刑，并下令全国：不论是谁能够当面指
出君主过错的，都可以得到最高奖励；上
书指出错误的，可以得到中赏；大庭广众
议论君主过失的，可以得到下赏。由此一
来，齐国上下进谏蔚然成风，很多弊端都

被一举革除，政治昌明。

齐威王注重军事力量的培养，他以田忌为司马，孙膑为军师，刻苦训练，同时加强边境防守。齐威王末年，齐国一跃成为诸侯国中最强盛的国家。

7.燕国

公元前316年，燕王哙听信佞臣之言让位给子之，收回三百石俸禄以上大官的官印，由子之重新任命。燕王哙效法尧舜的举动引起旧贵族的强烈不满。公元前314年，旧贵族发动叛乱，子之虽出兵平定了叛乱，但后遭到齐宣王的武力干涉，子之兵败被杀，燕国几近亡国。随后燕昭王即位（公元前311-公元前279在位），奋发图强，自身勤俭，重金招纳贤士，但很多人认为燕昭王只是叶公好龙，并不是真心想要招揽贤才，因此对于燕昭王招贤的举动都处于观望之势。燕昭

王久招贤士未果很是苦恼，于是有人提
议让燕昭王去找贤者郭隗。郭隗给燕昭
王讲了一个"求千里马但只得马骨"的故
事，大意是说古时有个国君宠爱千里马，
听闻某处有一良驹，于是派人去买。不料
使者到达之时千里马早已病死，无奈
之下使者用一半钱买了马骨。得
到马骨的国君很生气，但使者
却说现在有人知道国君用重金
买了马骨，足以表明国君爱马
的程度，日后自会有人源源不
断地送马来的。最终的事实证

明使者的话是正确的。郭隗又说自己愿意当马骨，来为燕昭王引出天下贤士。郭隗自言，如果像他这样才能不高的人都能得到敬重，那么天下有才之士都会前来归附的。燕昭王明白郭隗话中之意，想要求贤才就必须要体现出对贤才尊重的态度，这样才会吸引更多贤才前来投靠。燕昭王马上命人修建了一座精致的房子给郭隗居住，并把他当成老师来尊敬。各国有才之士看到燕昭王的举动，纷纷前来效力，其中最著名的就是乐毅。乐毅深得燕昭王的赏识，被封为亚卿。乐毅训练军队，整顿国政，在时机成熟之际为燕昭王制订了"举天下而攻之"的伐齐策略，指挥联军连下齐国七十余城。得到乐毅等人的帮助，燕国逐渐强大起来，气势一度胜过了齐国。

各国的变法运动实际上是一场封建化的变革，各国都在不同程度上打击了奴隶主贵族的势力，保护了封建地主阶级的权力。通过变法，各国的经济实力大大增强，形成楚在南，赵在北，燕在东北，秦在西，齐在东，韩、魏居中的七雄并存的局面，七国交战的序幕自此正式拉开。

三、战国七雄间的兼并战争

这七个大国为了扩张自己的势力，一面在本国实行变法改革以图强，一面相互混战，侵伐小国，互相兼并，战争愈演愈烈。

（一）魏国称雄中原

战国初年，魏国首先成为最强盛的国家，原因是多方面的：三家分晋时魏国分得的今山西西南部的河东地区，生产发达，经济基础坚固；更重要的是魏文侯时期任用李悝的变法使得封建经济在魏国蓬勃发展起来，形成了中央集权的政治制度，并拥有强大的武装军事。从公元前413年起，魏国就不断侵袭秦国，到公元前408年，占据了秦国的河西一带，逼迫秦人退守到洛水。随后，魏国又派兵越过赵国进攻中山（河北省宁晋、柏乡徐水等县间地），于公元前406年灭掉中山国。魏文侯在西方和北方都取得了胜利后，便将注意力转向了东方，魏国联合韩赵两

国攻入齐国的长城，大败齐军。

由于古时候战争规模的扩大和一些运动战术的出现，要求防御手段也要相应改进。各国都在国境上把原有的堤坝加高，利用险阻的地形修建防御工程，其中不能不提的就是长城。战国中期，秦、赵、燕三国常受到匈奴、东胡等少数民族的侵扰，这些少数民族多以游牧为主，因此善于骑射，进攻和撤退都十分迅速，使得三国不得不在边境上修建长城。秦国的长城是在秦昭王时期修筑的，这条长城主要修筑在陇西（甘肃中部）、北地

（甘肃东北部和宁夏东南部）、上郡（陕西西部）三郡的边地。赵国的长城修筑于赵武灵王时期。赵武灵王破林胡和楼烦之后，修建了东起赵国代郡（河北张北县南）向西沿着阴山山脉直至高阙（疑内蒙古乌拉山西）的长城。燕国的长城修建于破东胡之后。长城西起造阳（河北省怀来县），东至襄平（辽宁省辽阳）。

大败齐军使得魏、韩、赵三国一时间名声大振。公元前391年，魏、韩、赵三国联军又进攻楚军，大败楚军于大梁，魏国趁机占有大梁及其周边的土地。公元前371年，魏国又攻下楚国的鲁阳（河南鲁山县），自此魏国占据了黄河以南的大部分土地，在诸侯中享有威望。因此说，在魏文侯和魏武侯时期，魏国已经取得了称霸的规模。公元前369年，魏惠王即位，采取了诸多措施巩固已成的霸业。首先，将国都由安邑（山西夏县北）迁至大梁，不仅改变了以往交通不便的状况，而且加强了对诸侯的控制，保障了国都的安全。其次，兴修水利，发展生产。开放统治者独占的山林，让百姓自由开采，使得生产有所发展，缓和了阶级矛盾。再次，对外笼络赵、韩，与之结盟。最后，修建长城。以上策略的实施使得魏国实力大增。公元前356年，鲁、卫、韩等国的国君都来魏国朝见魏惠王，魏惠王霸主的地位显而易见。

（二）桂陵之战

魏国的强大经常威胁到其他国家的安全。公元前356年，赵成侯与齐威王、宋桓侯在平陆（山东汶上县）盟会，建立了齐赵联盟，共同讨伐魏国。公元前354年，赵国起兵攻打卫国，逼迫卫国屈服入朝。但卫国原本是入朝魏国的，现在赵国逼迫其改入朝赵，魏国必然不许。于是魏国派庞涓出兵伐赵，围攻赵国都城邯郸，次年攻破赵国都城邯郸。赵国向其盟

军齐国求救。齐威王命田忌、孙膑率兵救赵。田忌主张直逼邯郸，与魏军交锋；孙膑却认为要避实就虚必须袭击大梁，迫使魏国自救，在魏军回师途中设下埋伏，定能破敌。田忌依孙膑计策，围攻大梁，魏军果然退兵自救。当魏军长途跋涉途经桂陵（山东菏泽）时，遭遇到齐军设下的伏兵阻击，以逸待劳的齐军突然出击，大败魏军，庞涓只身逃回魏国。

虽然魏国兵败桂陵，但实力仍不可小觑。公元前352年，魏国联合韩国攻打齐、宋、卫的联军，齐国不得已请出和事佬向魏国求和，魏国挽回了败局，重新成为中原第一强国。而此时秦国正值商鞅变法，便趁魏国全力出兵东方之际，发兵攻魏，并在公元前354年攻下魏国河西重镇少梁，两年后又占魏国旧都安邑。魏国放弃了在东方和齐、赵的战事，将邯郸还给赵国，并与之在漳水结盟，集中力量对付秦国。公元前350年，魏国向秦国展开反攻，收复大片失地，强大的攻势使得秦孝公坐立不安，商鞅也认为以秦国现在的实力单独对抗魏国是不足以成事的，因此商鞅劝解秦孝公和魏惠王在彤（陕西华县）相会讲和。

魏国在称霸中原的过程中与其他小国展开了多场战争，魏、齐、赵、秦之间的战争就历时五年之久。在这过程中，魏国虽有吃败仗的时候，但总体来说，对其霸业并无影响。公元前344年，魏惠王举办了逢泽之会，共有十二个诸侯国参加，但

韩国却没有参加。

（三）马陵之战

魏国对在桂陵之战中的挫败一直怀恨在心，总想伺机报复齐国。在魏国与齐、赵、秦三国长达五年的战争中，韩国一直是魏国的拥护者，但韩国怕魏国日益强大而吞并掉自己，便没去参加逢泽之会，却与齐国关系亲密。韩国的亲齐举动使得魏国异常不满。公元前342年，魏国发兵攻打韩国，弱小的韩国自然不是魏国的对手，危急之中向齐国求救。齐王征求孙膑等朝臣的意见，邹忌反对出兵救韩，田忌则同意出兵，而孙膑认为韩国是一定要救的，但是要掌握救的时机，对韩国要表示一定会出兵相救，就会使得韩国奋力抵抗。当韩国处于危亡之际，再发兵救韩，就可以使齐国"尊名""重利"一举两得，齐威王表示赞同此计。得到齐国出兵相救消息的韩国殊死抵抗，但仍五战五败，只得再次向齐国求救。齐威王认为时机已到，便派遣田忌、田婴为将，孙膑为军师，起兵攻魏。魏惠王也派庞涓、太子申为将，率兵十万迎战。庞涓在桂陵之战中败给孙膑，心中很是不服，此次交战，庞涓十分谨慎。双方久攻不下，相持近一年。公元前341年，齐、魏两军刚一交战，齐军就佯装兵败后撤。孙膑利用庞涓轻敌的弱点，以逐渐减灶的假象来迷惑魏军。第一天挖了十万人煮食用的灶，第二天减至五万

灶,第三天又减至三万灶,营造出在魏军追击下,齐军士兵大批逃亡的假象。庞涓果然中计,在接连追击齐军的三天里,看到齐军每天都在减灶,认为齐军败局已定,便放松警惕,只身带着精锐部队继续追击齐军。孙膑在魏军必经之地马陵(山东炎城马陵山)设下伏兵。马陵之地,地势险要,通道狭窄并被树木所包围,庞涓一定中计,毫无退路可言。孙膑将士兵埋伏在道路两旁,约定以火光为信号,万箭齐发。孙膑将路旁一棵树的树皮剥下,在上面写下"庞涓死于此树下"

的字样。傍晚时分，庞涓追至马陵，夜色中看到路边被剥皮的树，上面隐约还有字迹，命令士兵点火准备查看，不料火光一点，一时间万箭从四面八方雨点般射来，魏军毫无准备，溃败逃散，庞涓中箭，随后自杀。齐军乘胜追击，歼敌十万，俘获魏军主帅太子申，马陵之战以齐军的胜利结束。魏国实力因此战大大受损，丧失了霸主地位，不得不向齐国屈膝，齐国也代替魏国成为霸主。

在庞涓与孙膑的几次交锋中，都以孙膑的全胜告终。孙膑和庞涓曾同为兵学家鬼谷子的学生，两人是同窗好友，因情谊深厚而结拜为兄弟，孙膑比庞涓年长，

故孙膑为兄，庞涓为弟。在学业方面，孙膑要比庞涓扎实一些。当时，魏国国君广招天下贤士，待遇优厚，庞涓决定出师谋求富贵，而孙膑认为自己学艺未精，想要继续和先生学习，暂不出山。

庞涓到了魏国，与魏王畅谈许久，深得魏王的赏识，被任命为元帅，执掌魏国兵权。庞涓接掌魏国兵权后，对外用兵连连得胜，甚至还打败了当时的强国齐国，魏国百姓都十分尊重庞

涓。

　　此时的孙膑仍随先生学习，先生将密不外传的孙武兵法全都传授给了孙膑，使得孙膑的才能远远胜于庞涓。魏王听了他人的举荐，十分欣赏孙膑，便派使者请其出山。孙膑的到来使得庞涓忧心不已，担心孙膑取代他的地位，便心生一计，在魏王面前暗示孙膑有通齐之嫌。魏王要将孙膑问罪，庞涓假意求情，对齐王说道："孙膑罪不至死，不如挖其双髌让

其不能行走，面刺罪人印记，留他一条性命吧。"魏王无奈点头。受刑之后的孙膑夜以继日地为庞涓作《孙武兵法》，后得知庞涓想等他写完就害死他，孙膑便装疯将已经写好的兵书全部烧毁，忍辱负重，使得庞涓最终对其放松了警惕。孙膑千方百计逃至齐国，受到齐威王的重用。在桂陵之战中，孙膑一计围魏救赵使得庞涓狼狈不堪，退回魏国，孙膑算是报了一箭之仇。在马陵之战中，孙膑又大获全

胜，庞涓眼看无力回天，只得兵败自杀。

（四）秦、齐对峙

魏国在马陵之战中败北后，实力大为削弱，齐国取代魏国成了新的霸主。商鞅变法后的秦国，势力大大加强，于是大国间的形势发生了变化，秦国和齐国成了实力最强的两个大国，形成了东西对峙的局面。此时各大国陆续称王，大国间领土毗邻，彼此间的矛盾冲突就更加尖锐了。齐国和秦国这两个东西对峙的大霸主开始了争取小国，孤立敌国的斗争。

在齐国和秦国斗争的过程中，合纵

连横是贯穿始终的一个重要策略。合纵连横，在地域上是以韩、赵、魏三国为主，北连燕或南连楚，东连齐或西连秦，南北相连为纵，东西相连为横。在策略上，"合纵"就是联合诸多弱小国家攻打一个较大的国家，目的是阻止强国进行兼并。"连横"就是强国迫使弱小国家帮助它进行兼并。合纵连横政策的初始，既可以牵制秦国又可以限制齐国，直至长平之战后意义发生变化。实际上"合纵"和"连横"都是争取暂时同盟者的外交手腕，其目的是进一步兼并土地，扩张领土。

公元前329年，张仪由赵国进入秦国，凭借出众的才智被任命为相国，积极为秦国出谋划策。在张仪的辅佐下，秦君称王，秦国日益强盛。

张仪入魏游说魏惠王连横，魏惠王因受到齐国和楚国的打击不得不采取张仪的连横策略，与秦国和韩国联合起来攻打齐国和楚国。张仪的策略是希望魏国能率先归附秦国，为其他国家做个表率，但遭到了魏惠王的拒绝。秦国立刻出兵攻占了魏国的曲沃（山西闻喜县）、平周（山西介休县）两地，此战对其他国家

而言威慑很大。出于对强秦的恐惧，齐、楚、燕、赵、韩五国转向公孙衍提出的合纵策略。

公元前318年，以楚怀王为首爆发了齐、楚、燕、赵、韩五国伐秦的战争，秦国派兵与联军在修鱼（河南原阳县）交战，联军大败。自从合纵联军退兵后，秦国十分重视对后方的扩充。公元前316年，巴蜀相攻，秦王想要趁机一举灭蜀，但因韩国的入侵犹豫不决，司马错力主攻蜀，认为攻下蜀国可以使

人力、物力方面都得到强而有力的补充，又可占据有利地势顺流攻楚。秦王采纳此议，派遣张仪、司马错出兵一举灭蜀，后灭掉巴国，获得巴蜀大片土地。如此一来，秦国占据了富饶的天府之国，为秦国经济的发展和军事战争的准备提供了有利的保障。

　　齐国和秦国间最大的斗争焦点在楚国。齐国为了对付秦国联合了楚国，楚国虽然社会改革不彻底，经济落后，但拥有辽阔的疆土和众多的人口，轻易就可调集百万大军。齐国联合楚国对秦国来说影响很大，因此如何破坏齐楚之间的联

盟就显得尤为重要。秦王派张仪入楚游说楚怀王。张仪暗地收买了楚国旧贵族，并以六百里商于土地作为诱饵诱惑楚怀王，楚国要是能和齐国断绝关系，秦国愿意献出商于六百里的土地。楚怀王一听动了心，丝毫不理会屈原等人的劝谏，立刻与齐国断绝了关系，并且派人到秦国去索要张仪承诺的六百里商于之地，但张仪却矢口否认，并说当时承诺的是六里而非六百里。遭到秦国愚弄的楚怀王大怒，兴兵攻打秦国，却被秦兵大败于丹阳（河南丹水北岸），并虏其将领数十人，反夺楚国汉中之地，这片土地与秦国的巴蜀

之地连成一片，有效保证了秦国国土的安全，极大增强了秦国的实力。

（五）燕国破齐

燕国本来也是个大国，后来燕王哙将王位让给了相国子之。燕国将军和太子进攻子之，燕国发生大乱。公元前314年，齐宣王以燕王哙让位给子之引起内乱为借口，出兵燕国，短短十几天就攻占了燕国，但燕国军民奋力抵抗，终于迫使齐国撤军。

后公子职即位，是为燕昭王。燕昭王一心想要报当年齐国武力干涉燕国之

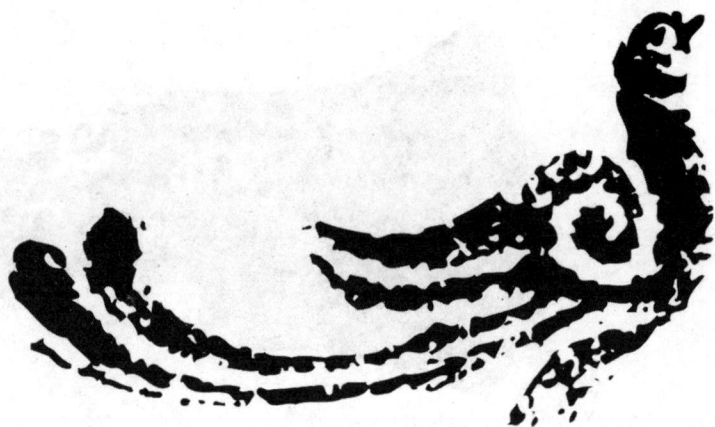

仇。燕昭王与郭隗、乐毅一起改革政治，奋发图强，经过漫长的二十八年的努力，燕国终于国富兵强。

燕昭王认为现在燕国的势力已经远胜从前，想要兴兵伐齐，于是征求乐毅的意见。乐毅认为齐国地广人多，称霸多年根基雄厚，善于用兵，虽然齐国国君不体恤民情，横加暴敛，对外诸多用兵引起诸侯不满，但对于这样的一个大国，单凭燕国的实力恐怕很难取胜。倘若一定要出兵，最好联合楚、魏、赵、韩等国，先孤立齐国，才有取胜的机会。燕昭王接受了乐毅的建议，并派人分别出使赵国、秦国、楚国和魏国，各国早就厌恶齐国国君的骄暴，于是纷纷同意联兵伐齐。公元前284年，燕昭王任命乐毅为上将军，率兵出征。赵王也将相印交给乐毅，乐毅率领燕兵联合赵、楚、韩、魏五国之兵大举伐齐。齐王并未料到燕国会带兵反齐，连忙召集全国之兵仓促应战。

两军相遇于济水西岸，乐毅亲临前方指挥将士向齐军猛烈进攻，一时间联军锐不可当。而齐军因连年征战，士兵疲惫不堪，齐王对作战不利士兵的处罚也让士兵们心寒不已，根本无心应战。因此，在联军的猛攻下，齐军大败，溃不成军。齐军主力被歼后，齐王狼狈逃窜，退回国都临淄。昭王闻讯十分高兴，亲至济西战场劳军，犒赏将士，封乐毅为昌国君。在济西大败齐军之后，乐毅厚赏了秦、韩两军并遣还其回国，打算自己直逼齐都临淄。乐毅认为齐国的精锐部队已经全部阵亡，国

内一片混乱，这是一举灭齐的最好时机，坚持率军乘胜追击。乐毅命魏军直攻旧宋国之地，命赵军攻取河间地区，而自己则亲率燕军长驱直入，直奔齐都。燕兵的节节胜利逼迫齐王出逃，后被楚将所杀。乐毅攻齐的六个月里，攻下齐国七十多个城池，仅剩下下莒（山东莒县）和即墨（山东平度县）未被攻克。为了彻底灭掉齐国，乐毅在攻下齐国诸多城池之后，

实施了一系列的安民措施：首先，整顿军纪，不准危害百姓；其次，减轻赋税，恢复齐威王时期的合理法令；最后优待归顺燕国的齐人，笼络齐国统治阶级。这样一来，对齐国的占领就基本巩固了。

但后来燕昭王去世，其子惠王即位，因猜忌乐毅罢其官职，改用骑劫。骑劫无视乐毅制定的政策，放纵燕兵对齐国降卒任意残害，甚至掘坟焚尸，激起齐国百姓极大的仇恨。齐将田单利用齐国人民这种仇视燕将的情绪，率兵利用"火牛阵"夜袭燕军。田单事先挑选了一千多头

牛,在每头牛的牛角处捆上尖刀,又在每头牛的背上披上一条被子,在被子上画上大红大绿、奇奇怪怪的图案,在牛尾巴上系上已经浸透油的芦苇。午夜时分,田单让士兵在城墙上凿破十几处,将牛赶出去并将牛尾巴上的芦苇点燃。一千多头尾巴被点燃的牛被烧得性子大发,冲着燕军的营地就闯了过去,田单命五千"敢死队"持大刀、长矛尾随牛队突袭燕军。正在睡梦中的燕军被这些头顶长刀的怪物吓得大惊失色,根本无力抵抗,纷纷四处逃窜,死伤不计其数。燕国主将骑劫被杀,齐国乘胜收回大片失地,齐国暂时转危为安。但齐国在与燕国的斗争中损失惨重,从此一蹶不振,齐国丧失了与秦国抗衡的能力,齐、秦对峙的局面被打破了。

(六)秦、赵大战

正当齐、秦两国打得不可开交之际,

赵国悄悄地发展起来。赵国的周边都是善于骑射的少数民族，如赵国东北方有东胡，西北方有林胡、楼烦，这些都是我国游牧民族，对赵国有很大的威胁。赵国的主力部队以战车为主，在战斗中无法灵活地四处攻击，笨重的战车也无法赶超轻快的骑士，因此使得赵国在战国初年的征伐中处处被动挨打。公元前307年，在屡次与周边少数民族交手中，赵武灵王认识到，要想迅速使赵国强大起来，必须首先建立强大的军事力量，决定实行"胡服骑射"，

"胡"指的就是胡人，意思是说全方面学习胡人，不仅学习他们的服装穿着，还要学习他们骑马、射箭的技术。赵武灵王在赵国北部亲自训练骑兵，并将这支训练有素的骑兵作为军官团，培训其他士兵，所有想要成为骑兵的士兵都要经过统一的考试，这样赵国就建立起一支实力超强的军事力量，迅速强盛起来。这引起了齐、秦的不安，为了打击赵国，秦昭王派遣穰侯魏冉到齐国，请齐湣王与秦昭王同时称帝，共同联合其他国家攻打赵国，并三分赵国天下。但这一策略并未成功，

最终被苏秦的合纵策略所破坏。齐国反倒采取苏秦的建议，联合其余国家反秦，迫使秦昭王将以前侵占的魏国、赵国的土地悉数归还。赵国实力更胜从前。

公元前286年，齐国灭掉宋国，势力大振，引起各国的不安，秦国趁机与各国约定反齐，蒙骜带兵进攻齐国的河东，攻下九城。公元前278年，秦国又派白起攻下楚国的国都郢，楚的势力也消失殆

尽。齐国和楚国的势力削弱，使得秦国可以顺利地推行"远交近攻"的策略。当时秦国把战争的矛头转向魏、韩两国。秦国希望扩大自己的疆域，强令秦军越过魏、韩去攻打齐国，范雎指出这样并不能扩大秦国的土地，适时向秦昭王提出"远交近攻"的策略。"远交近攻"是针对当时秦国的状况提出的。齐国势力强大，离秦国距离遥远，要想攻打齐国，必须要越过韩、魏，士兵长途跋涉，十分辛苦，难以取胜。不如先攻打临近的韩、魏，逐步推进，但需防止齐国与这两国结盟，秦王要主动派使者与齐王修好。只有这样，才能削弱敌国。秦昭王任命范雎为相，积极推行"远交近攻"策略，向三晋发动大规模的进攻。三晋之中以赵国实力最强，因此秦、赵之间的战争不可避免。

1.阏与之战

公元前270年，秦国派遣中更胡阳越过韩国的上党，向赵国的险要地区阏与发动进攻。赵国派赵奢前往营救。赵奢佯装畏惧秦军，带兵在距离邯郸三十里的地方驻扎下来，令士兵增筑营垒，毫无进军的打算。当秦军被麻痹之后，赵奢命令全军以两天一夜的时间火速赶到距阏与五十里的地方驻扎下来，吸引秦军。派遣一万人占据北山的制高点，秦军前来争夺之时，居高临下的赵军大破秦军，成功解除秦国对阏与的围攻，使得秦国大受打击。

2.长平之战

公元前262年，秦昭王派大将白起攻

打韩国，占领了野王城（河南沁阳），彻底切断了上党郡和国都的联系。韩国希望献出上党郡向秦国求和，但上党郡的郡守不愿投降，于是请赵国发兵救援。赵国派遣老将廉颇驻军长平，秦国也派白起迎战，驻扎在长平，双方开始了大战前的对峙。廉颇仔细分析了秦国的军事状况，认为秦军攻击力量很强，因此不能迅速出战，应采取坚守策略，以逸待劳消耗秦军力量。三年间，双方相持不下。

秦军多次挑战，赵国却不出兵。赵王

为此屡次责备廉颇。秦相范雎派人向赵国权臣行贿，并伺机散布谣言说秦国并不害怕廉颇，真正畏惧的是赵奢之子赵括，造谣说廉颇即将出降。赵王怨恨廉颇固守不战，因而相信了流言。公元前260年，中了反间计的赵王，改用赵奢之子赵括代替廉颇，命其出击秦军。赵括只会纸上谈兵，对带兵打仗全无心得，他一改廉颇布置的战术，大举攻秦。

秦相范雎得知反间计已获成功，立刻派白起为上将军，去指挥秦军。白起一到长平，便布置好埋伏，在正面佯装兵败撤退。赵括不知是计，紧追不舍，掉进白起的埋伏圈。随后白起又派出三万骑兵，分成两支，一支两万五千人，负责切断赵军的退路；另一支五千人，负责将赵军的军队截成两段。赵括此时无计可施，只能筑垒坚守，等待救兵，秦国趁机将赵国运送援兵和粮草的道路彻底切断。被秦军围困四十六天后，弹尽粮绝又无援兵的赵括只得将赵军分成多部，轮番突围，但都以失败告终，赵括也在突围中被秦军射

死。失去主将的赵军四十万人全部投降
了秦军。白起将战俘中年幼的两百多人放
回，其余的全部活埋。

3.窃符救赵

长平之战使得赵军的主力损失严
重，而秦国却乘胜追击包围了赵国的都
城邯郸。秦国残暴地对待赵国的百姓，
激起赵国人民的不满，赵国军民万众一
心英勇抵抗秦国，秦军惨遭败绩，死伤惨
重。范睢派郑安平为主将继续进攻邯郸。
赵国向魏国求救。平原君一面向楚国求
救，一面书信联系信陵君。信陵君的姐姐
是赵惠文王弟弟平原君的夫人，平原君
写信给信陵君请其游说魏王出兵救赵。
在信陵君的游说下，魏安釐王派将军晋
鄙率领十万大军驻守在汤阴（河南汤阴
县）声援赵国，但因惧怕秦国不敢进兵。
名义上是救赵，实际上则是抱着观望的
态度。此时的信陵君也千方百计想要解
除赵国当下的威胁。有人向信陵君献计，

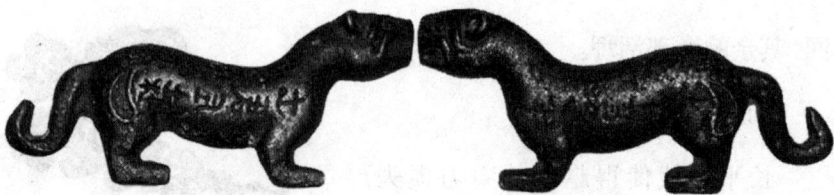

现在必须偷得魏王的兵符才能救赵。兵符是古代传达命令或调兵遣将所用的凭证，成虎型，又称虎符。分为两半，一半留存在国君，一半交给率军的统帅。调发军队时，必须两块虎符合二为一。魏王的兵符藏在卧室内，而能够自由进出魏王卧室的只有魏王的宠妾如姬。当年如姬之父被杀，信陵君为其报了杀父之仇，因此如姬心怀感激。现在如果让她为此效力，一定可以成功。信陵君依此计行事，而如姬也不负众望，成功偷得虎符交给信陵君。信陵君带着原在屠市上做屠夫的朱亥一同前往魏军的驻地，假传魏王命令撤销晋鄙的军职，由信陵君接任。晋鄙验过虎符，即便合二为一，但仍将信将疑，此时朱亥毫不犹豫用铁锤杀了晋鄙，夺取了最高统治权，发兵进攻秦国。此时楚国也派景阳带领大军前来救赵，秦军在赵、魏、楚三军的内外夹击大败。秦将郑安平在三国的内外夹击下，率领两万人投降了赵国。这是秦国继阏与之战后的又一次大败，连之前攻占的魏国的河东和赵国的太原都失守了。即便这样，秦国仍旧具有较强的实力，继续向东发展。这就是历史上"信陵君窃符救赵"事件。

4.五国攻秦

公元前367年，残存在洛阳附近的周朝贵族发生权力争夺，韩、赵武力干涉，周分裂为西周和东周。公元前256年，秦灭掉西周，随后又灭掉东周，占据了今天伊水、洛水和黄河之间的大片土地。秦灭二周后，开始了对韩、赵、魏的吞食。公元前242年，秦国对魏国展开了进攻，一举攻下酸枣（河南延津县）、雍丘（河南杞

县）等二十城，使得秦国的国土与齐国的土地连在了一起，对东方各国威胁极大。于是，公元前241年，五国商议合纵攻秦，楚王为纵长，五国纵军一路攻到蕞（陕西临潼县）。但秦国出兵反击后，身为纵长的楚王却率先逃跑，其余各国也纷纷撤退，五国合纵攻秦失败。秦国势力又进一步加强，统一趋势不可避免。

5.秦灭六国

公元前247年，秦庄襄王去世，13岁的子政即位，他就是后来大名鼎鼎的秦始皇。公元前238年，22岁的嬴政亲政，成功铲除了吕不韦、嫪毐等反动势力夺回政权。在李斯等人的帮助下，秦国制定了一系列的措施，国家势力更胜从前，开始了统一六国的战斗。

秦国首先选择了韩国。因为韩国是六国当中实力最弱小的，且与秦国距离较近，符合秦国"远交近攻"的战略。公元前230年，派内史腾率兵进攻韩国，俘虏韩王，将所得的韩国土地设立为颍川郡，韩国灭亡。

公元前231年和公元前230年，赵国先后发生了地震和大灾荒的自然灾害，国力受损。公元前229年，秦国趁赵国受灾之际，派王翦率兵攻赵，赵国派李牧、司马尚奋力抵抗。李牧曾是抵抗匈奴的名将，他所率领的军队战斗力超强，多次击

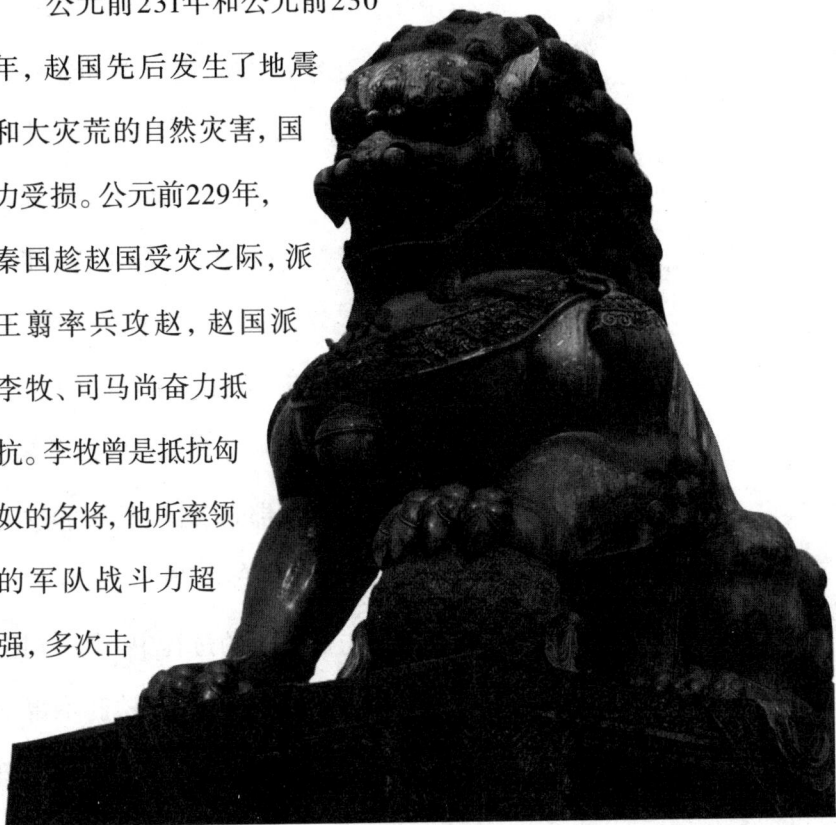

败秦军。王翦意识到李牧是一个劲敌，必须在战斗外将其除掉。王翦重金收买了赵王身边的宠臣郭开，散布谣言说李牧等勾结秦军有叛国之嫌。赵王听信谣言立刻撤换了李牧和司马尚，暗中斩杀了李牧，这引起了军队对统治集团的不满，战斗力大幅度下降。王翦趁机大举进攻。公元前228年，赵王献帝请降，赵公子嘉率宗族百人逃至代郡（河北蔚县），自立为代王，赵国几近亡国。

在追击赵公子的过程中，秦军到达燕国边境，燕国面临亡国的威胁不得不先出手——太子丹派荆轲去刺杀秦王，但刺杀未遂，反而激起秦国的怨恨，立刻派遣王翦、辛胜等起兵，在易水击败燕军主力。公元前226年，王翦攻下燕国都城蓟（北京大兴），燕王逃跑，燕国只好杀掉太子丹，向秦军求和。秦军因气候原因撤兵南下。

公元前225年，王翦的儿子王贲率领十万大军大败魏国，包围了魏军的大都，但魏军以大梁为依托坚守不出，秦军无计可施。于是秦军只能掘开河沟，将黄河水引入城内，三个月后，大梁城被水破坏，魏王投降，魏国亡。

公元前224年，秦国派王翦率领六十万大军进攻楚国。王翦选择有利地

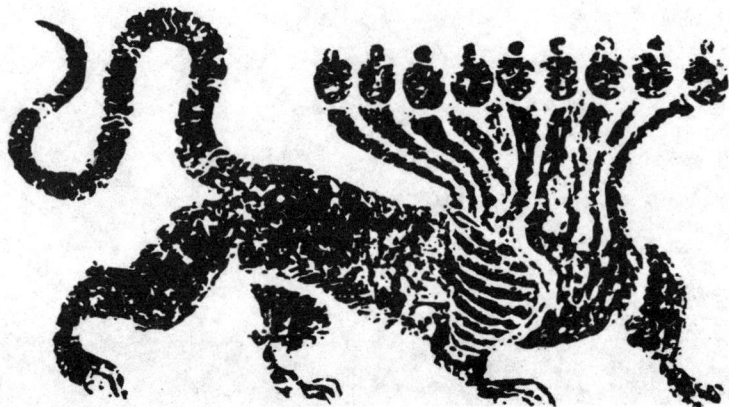

形以逸待劳、按兵不动，秦王将一切人力、财力都用于前方的战事。一年后，楚军意志渐渐放松，又由于粮草不足决定向东撤退。王翦于是趁楚军撤军之际大举追击，一举歼灭了楚军的主力，占领了楚军的江南地，楚国亡国。

齐国距离楚国比较远，秦国一直奉行的"远交近攻"的战略非常成功，因此齐王建在位的四十多年里，齐国一直处事

谨慎，既不参与合纵也不与任何国家连横，直至五国接连被秦国灭掉后，齐国才开始有了一丝恐慌，担心齐国有朝一日也会重蹈五国的覆辙。公元前221年，王贲率兵一路打到齐国都城临淄，齐王请降，齐亡。

至此，战国七雄的纷争以秦国的彻底胜利而告终。

四、战国七雄故事

（一）烽火戏诸侯

　　周幽王的爱妃褒姒生来不爱笑，于是为了博得美人一笑，周幽王无所不用，但都收效甚微。在高额赏金的诱惑下，虢石父提议点燃烽火台来取悦褒姒。

　　古时，烽火台在城外，每隔五里就有一座烽火台，用来防备敌兵。西周的都城镐京离一个叫犬戎的少数民族部落不

远，而犬戎的强大，就威胁着周王朝的统治，尤其是镐京的安全。为了防备犬戎的进攻，周王朝在骊山一带建了二十多座烽火台，每隔几里地就是一座。如果犬戎进犯，把守第一道关的士兵便立刻点燃烽火，第二道关的士兵见到之后，也把烽火烧起来。这样一个接一个，烽火台都冒出了滚滚的浓烟，附属于周朝的诸侯国见到了，就会立刻发兵前来援助。虢石父认为，假如诸侯率领军队，浩浩荡荡地赶到了都城，却没有敌兵，诸侯国狼狈的样子必然会让皇后发笑。

听了虢石父的计策，幽王与褒姒驾临骊山。周幽王向褒姒解释烽火台的用处，但褒姒并不相信在这样一个高土台上点把火，就能召来千里之外的救兵。为了讨得褒姒的欢心，周幽王立即下令，让士兵点燃烽火。烽火在一个接一个的烽火台上点燃起来，刹那间火焰直冲云霄。

各地的诸侯看见烽火台上的滚滚浓烟，以为国都受到进攻，纷纷率领军队前来救援。

没多久，各国诸侯皆领兵而至，一路车马劳顿，风尘仆仆。到了国都之后，看见的只是周幽王和褒姒在饮酒作乐，根本就没有什么敌军，才知道自己被国王愚弄了。诸侯们敢怒不敢言，只好悻悻地率领军队返回。褒姒凭栏远眺，见各路军马匆匆赶来，又悻悻而回的狼狈相，觉得很好玩,不禁嫣然一笑。周幽王一见宠妃终于笑了,开心不已。这就是周幽王烽火戏诸侯的典故。

虽得美人笑,但却失信于天下,得不偿失。

(二)围魏救赵

公元前354年,魏国将军庞涓率领军队围攻赵国都城邯郸,双方对峙年余,彼此都疲惫不堪。赵求救于齐,齐王命田忌、孙膑率八万大军前往援救。田忌准备

直赴邯郸与魏国交锋，孙膑却不赞同。孙膑认为，要解开纷乱的绳套，不能用手强拉硬扯；要排解争斗，不能参与搏击；要乘虚取势，让双方受到制约就会彼此分开；要避实就虚，击中要害。他向田忌建议说："现在魏国精锐部队都集中在赵国，国内防御必定空虚，我们如果带兵向魏国的都城大梁猛攻，占据它的交通要道，袭击它空虚的地方，那么魏军必然放下赵国回师自救，邯郸之围就自然可以解开了。我们可以趁机在途中伏击庞涓，其军必败无疑。"田忌依孙膑之计行事，魏军果然撤出邯郸，归魏途中又遭遇伏击与齐战于桂陵，魏军大败，溃不成军，庞涓勉强收拾残部退回大梁。邯郸之围解开，孙膑也因此战闻名天下。而这一避实就虚的战术也为历代兵家所欣赏。

（三）"不飞则已，一飞冲天；不鸣则已，一鸣惊人"

齐威王即位之初，陶醉于彻夜宴请

宾朋饮酒，不理朝政，将国家大事全部交给公卿大夫。国君的昏庸使得下面文武百官上行下效，极尽荒淫放纵之事，国中朝政无人问津。正在此时，各诸侯国纷纷派兵来袭，国家危在旦夕。齐威王身边近臣都不敢进谏，无奈之下，淳于髡站了出来。淳于髡是一个能言善辩的人，屡次出使诸侯国。齐威王喜欢说隐语，因此淳于髡就利用隐语对齐威王进行劝谏。他说："齐国城中有一只大鸟，落在大王的庭院之中，三年过去了，可它不飞也不叫，请问大王这是为什么呢？"齐威王自然知道淳于髡在讽刺自己，于是他答道："这只鸟有自己的想法，不飞则已，一飞就冲上云霄；不叫则已，一叫就会让众人吃惊。"从此之后，齐威王重整旗鼓专心朝政，齐国日益强大起来。

五、七雄纷争引发的思考

（一）统一成为必然趋势

战国时期，诸侯割据纷争，但这其中又孕育着统一的必然趋势，民族融合的趋势大大加强。这主要是因为：第一，从经济条件来说，由于战国经历了春秋时期以来生产力的大幅度提高，社会经济迅速发展，各地的经济联系在一定程度上加强，四方的物产都运到中原地区进

行交换, 这给统一提供了必要的经济基础。第二, 人们渴望统一。农民厌恶割据和混战带来的负担和苦难; 工商业者因混战割据限制其发展而要求统一; 地主阶级希望建立一个强有力的中央集权的封建国家以保护封建地主经济的发展。

统一成为全社会的共同愿望。第三，从民族关系来说，经过长期的民族交往和融合，华夏民族形成了一个相当巩固的民族，具有较强的凝聚力。第四，经过长期的争霸战争和兼并战争，大国吞并小国，弱肉强食，改变了大国之间的均势，诸侯国数目减少，并且形成了区域性的稳定和局部的统一，为大一统提供了条件。最终，秦国灭掉六国，完成了统一，结束了战国七雄的纷争。

（二）重视人才

战国七雄之中以齐、秦两国势力最为强盛，想必这其中最重要的原因就是齐、秦两国都重视求贤以振兴国家。

1.齐国

齐国的兴盛在很大程度上取决于齐国统治者长期执行了正确的用人政策，齐国自姜太公建国之初，就将"尊贤与用能"作为齐国用人之道，这在当时世卿世

禄制占统治地位的情况下，具有非凡的
意义。"尊贤与用能"极大地团结和利用
了齐国土著及异姓贵族中的贤能之士，
缓和了姜氏政权与土著及异姓贵族之间
的激烈矛盾，这也是齐国能够在建国之
初迅速稳定并最终成为大国的重要原因
之一。更为重要的是，姜太公同时为后世
姜氏君主树立了尊贤用能的榜样。春秋
时期，齐桓公进一步发展了姜太公"尊贤
与用能"的用人政策。当是之时，管仲与
鲍叔牙都预感到齐国将大乱，于是他们
各为其主，管仲随公子纠逃往鲁国，
公子小白，也就是后来的齐桓公，
在齐国周边伺机而动。随后齐国
果然大乱，两位公子都想趁机回国
夺取王位，但公子小白先行一步。管

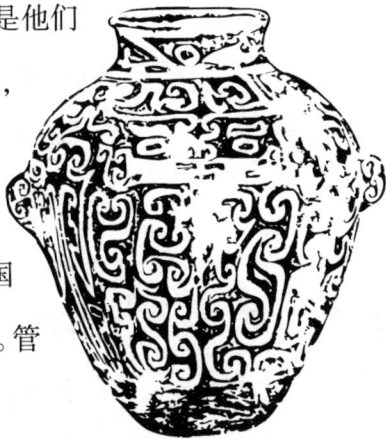

仲为使公子纠顺利即位亲率军队截击公子小白，当公子小白的车队走近的时候，管仲一箭便使公子小白倒地不动，管仲对公子小白的死信以为真，于是率军撤退。但公子小白其实并未中箭，他只是倒地装死罢了。面对当初差点杀害自己的仇人，齐桓公并未耿耿于怀，反而在鲍叔牙向自己推荐管仲时不计管仲当年一箭之前嫌，重用异国之臣管仲，并尊之为"仲父"，位在命卿国氏、高氏之上，权势仅次于自己。正是齐桓公这种"尊贤与用能"使得齐国最终能够成就霸业。

2.秦国

秦国自秦襄公护送周平王有功建国
后，国力一直未有提高，直至秦穆公即位
后，他决心使秦国强大起来，于是寻求、
招募天下贤能之士辅佐政事，以实现自己

的远大志向。百里奚曾任虞国大夫，作为晋献公女儿的陪嫁入秦，后不甘耻辱，出走到楚。秦穆公听闻百里奚之贤，命人用五张羊皮将其请回国中，委以重任。由余是秦穆公称霸西戎的关键人物，此人乃是贤能之人，秦穆公利用离间计使其为秦国所用，在他的帮助下，秦国得到进一步发展。秦穆公在这些贤能之士的帮助下，终于实现了称霸西戎的雄心壮志，成为春秋五霸之一，为秦统一中国打下了坚实基础。秦孝公即位之后，商鞅离魏入秦，以"强国之术"取得秦孝公的信任，两次变法使得秦国富强起来。秦惠王时期，魏国人张仪以"连横"的策略深得秦惠王宠信，秦惠王以客卿之礼相待，并委以重任。最终张仪"连横"的策略拆散了东方六国的"合纵"，六国势力遭到削弱，从而加速了秦国的统一步伐。

由此，我们不难看出，在战乱纷争的春秋战国时代，选贤是决定着一个国家强大与否的关键。战国时代的纷繁战乱以秦国的一统天下降下了帷幕，历史又将翻开崭新的一页。

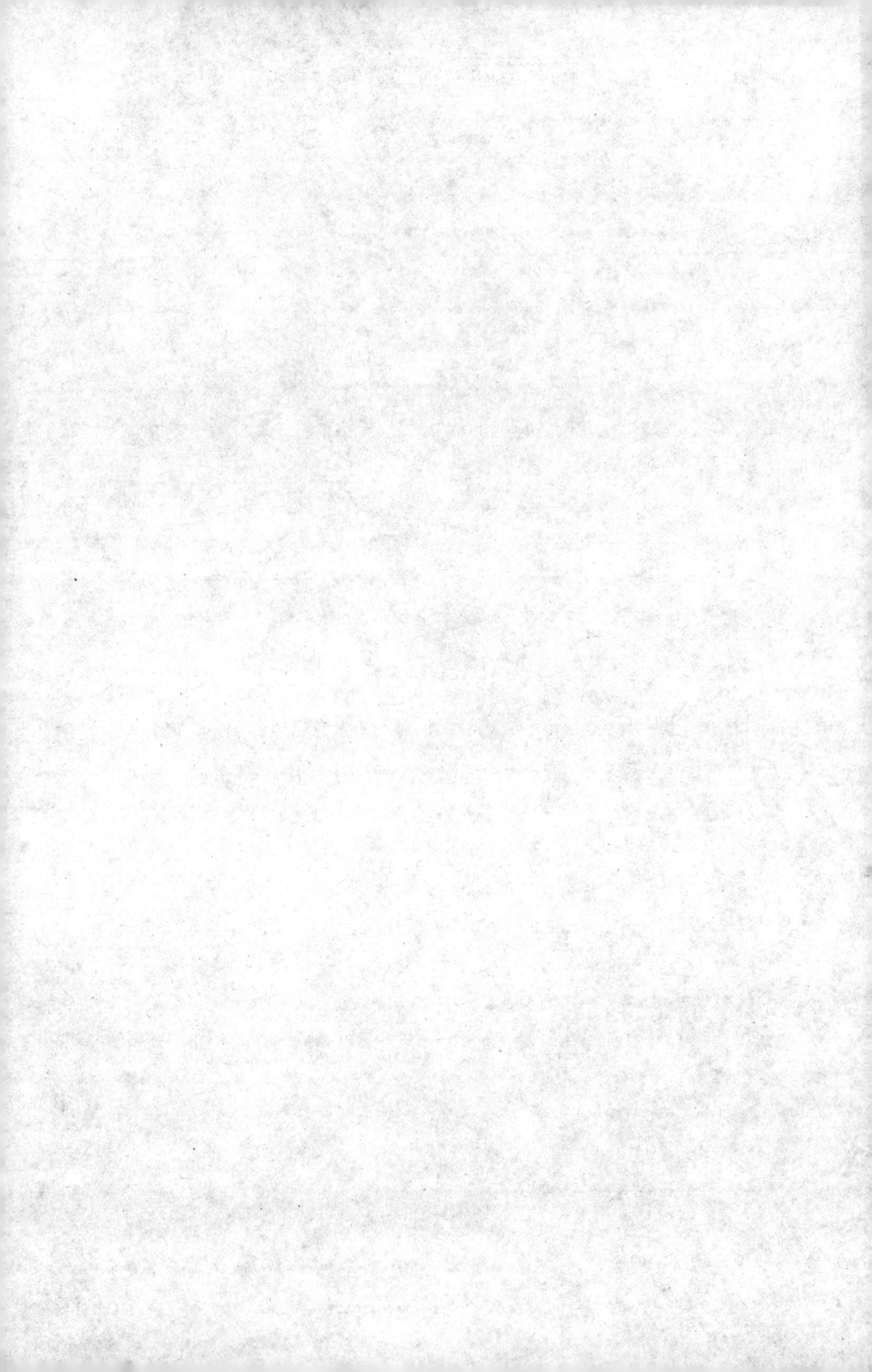